JN439803

Cho Young-Sook

시인 조영숙/ 사진 윤은미

자[尺]

조영숙 시집

자[尺]

■ 시인의 말

철들자 망령이라지요?

언제까지나 철부지로 살아가렵니다.

망령 걱정 또한 내려놓겠습니다.

한결같이 지도 편달 아끼지 않으시는

선생님께 진심으로 감사의 말씀 올립니다.

2015년 8월

조영숙

차 례

제1부

제2부

제3부

제4부

제1부

봄날은 간다

진달래꽃 피더니
꽃그늘 지우더니

붉은 꽃잎
그 꽃화살
내 가슴에 꽂히네
깊이 박혀 버렸네

빼낼 수도 품을 수도
없는
아릿한 봄날이 가네

저승꽃 피어

손잔등 내려다보니
천지가 꽃밭이네

잠시 잊고 떠나온 시간의
부스러기들 닥지닥지
꽃무늬로 피어 있네

철 지난 저승꽃 보니
문득,
철들고 싶어!

마지막 잎새

대왕참나무 바싹 마른 갈퀴손
죽을힘으로
가지 끝자락 움켜쥐고 있다

겨우내 퍼붓던 폭설
꽃샘추위 황사 모래바람도
더 이상 어쩌지 못하너니

그러나 어쩌랴
내가 죽어 네가 살고
네가 죽어 내가 사는

우주 만물
모든 생명의 냉엄한 질서!

낯선 시간을 찾아서

한 줄에 꿰어진 생애

점이 모여 선이 되고
그 선 합쳐 면이 되듯이

한 점의 흠집도 자랑도
감출 수 없는 나의 면면들이다

누가
시간의 만리장성을
넘어설 수 있으랴

세월은 잠자리 날개로 날아간다

— 폰즈 콜드크림, 레블롱 화운데숀, 코티분, 깔깔이주름치마, 실크 블라우스 싸들고 다니던 미제 보따리장수 아줌마

여름이면 모가지 부러지게 누비이불 산더미 머리에 이고 한 장 팔아 볼까 주섬주섬 다가오던 아주머니, 겨우내 짠 모시, 베 낙타처럼 등에 지고 상주에서 온다는 모시장수 그 할머니, 우리 집 드나들던 단골 장수 아주머니들, 아들만 아홉을 둔 늘 배고팠던 이웃집 연녕 엄마도 우리 집 밥상머리 단골, 훈훈한 낮빛으로 오고 갔던 인심들 그 사람들 다 어딘가로 사라지고

내 장롱 속 세모시 한 필
삭히고 삭혀진 오십 년 근근 세월
어느 햇살 맑은 여름날 오후
알금알금 잠자리 날개 되어 가볍게 하늘을 날아오르리

세상에서 제일 중요한 건

나 열세 살, 설 명절
꼬깃꼬깃 모아 둔 용돈
탈탈 털어 제재소에 바치고
널빤지 하나 사 왔더랬는데요
동네 처녀들 우르르 몰려와
누가 누가 더 높이 뛰어오르나
내기를 하더니
그만, 널빤지 허리를 뚝
분질러 놓고 말았지요
엄마는 그냥 잊으라고
잊어버리라고 했지만 지금까지
그냥 잊어버릴 수 없는 까닭은
지붕꼭대기도 훌쩍훌쩍 뛰어넘는
그런 아찔한 희망이
쓰다 남은 희망이 거기서 그냥
아직도 널을 뛰고 있으니까요

그래서 세상에서 제일로 소중한 건

바로 지금

지금至今이 바로 지금至金이라지요

일생

동그라미 거미줄에 갇혀
평생 제 집 하나 짓는 일

세상 마감하는 그날까지
완공할 수 없는,

하늘의 뜻 헤아려
받들어야 할,

한 생애 난공사

꿈

옛말 그른 거 하나 없다더니

등 긁어 줄 이 궁금하니
어찌 세월 새삼스럽지 않으리

어디 그냥 열 달인가요

하루 만에도 한 살을 넝큼
집어 먹는 게
여간 억울한 게 아니었는데

우리 조상들의 지혜가
남다르게 뛰어난 것은

그 열 달이 어디 그냥, 열 달인가요

설렘과 두려움과 호기심
온갖 기쁨과 바람이 콩닥콩닥
심장 뛰는 소리 기도가 되어
하루를 백 날로 조심조심

그러니 하루 만에 한 살을 더해도
하나 억울할 거 없잖아요

사람 사는 일

아무것도 할 수 없게 되면 안다
소소한 일상의 낱낱이
되돌릴 수 없는 소중한 순간들인 것을

목숨 내걸고 겨룬 일도
바로 그 작은 나날을 지키기 위한
것이었던 것을

누군가 나에게 물었다
왜 사소한 일에만 분노하는가
라고

바로 그 사소한 일상의 일들이
사람이 사는 일이라고
사소하게 답할 수밖에 없었다
나는

성선설을 믿는다

누군가가 죽이고 싶도록 미워지면
생각난다

어릴 적, 비 갠 오후
지렁이 몸통에 꽃소금 뿌려 대던

여름날 봉숭아 꽃그늘 아래 숨어
가슴 두근두근하던

지렁이 방울뱀이 수캐가 따라올까 봐
오줌 지리며 떨던

짧고 길었던
그 여름날

꽃등심

죽어서야
꽃이 되는

불꽃 만나
다시 피어나는
생명꽃

세상 어디서고
무궁토록 꺼지지 않고

새롭고 싱싱하게
열반에 드는

목숨의 불꽃

세상의 시작과 끝

처음부터 짜여진 삶이 어디 있으랴
나고 죽고 자라고 철드는 일
살아가는 일 모두가 알 수 없는 것

오늘 내가 해야 할 일이 무엇인지
또 잘할 수 있는 일이 무엇이고
정말 하고 싶은 일이 무엇인지

그걸 안다는 게 쉬운 일이랴
어설프게나마 남을 가르치기도
시답잖게 시를 써 보기도
사랑에 애 끓인 밤도 많았건만

목숨 타고난 자들
또 한 생명의 씨앗 받아
싹 틔우고 기르는 일 그것이
세상의 시작이고 끝인 것을

내 손안에 있소이다
— 법화경을 읽으면서

1
신의 무봉인가

때로는
활인검

때로는
살인검이 되기도 한다

2
사랑이냐 전쟁이냐

모두가 다

내 손이
그대로 법화경이다

자[尺]

숭늉 그릇 박살 낸
만공 스님

나도 내가 아니라는데
박살 낼 나 또 어디 있겠는가

그러나 제 눈의 안경
제 각각 제 잣대로
바람 잘 날 없는 나날들을

발길 닿는 대로 산길 접어든다
백팔 배 아니면 어떠랴

평생이 부처님 손바닥 안이라는데
넘치면 나누고
모자라면 채우라는

자,

그 셈법

바로 세상 사는 이치인 것을

제2부

천덕이

나 어릴 적, 엄마 따라 시장에 가면
장바닥 헤매는 거지 꼴 천덕이 아저씨 있었는데요
제 이름과 날짜만은 어김없이 기억을 해서
누구라도 이름 묻고 또 오늘이 며칠인가 물으면
천덕이 아저씨 천 · 덕 · 이 답하곤 했는데요
제 이름과 날짜에 그리도 집착했던 까닭은 아마도,
시간 열차 꽁무니에 매달려 이름 석 자 새기고
바람처럼 떠나 버리는 게 인생이라고—
장마당 오가는 우리에게 진즉 가르친 것은 아닐까요
그래도 이름이라도 물어 주는 인정 있어
아주 외롭진 않았을 터이고
언제까지였을까
장바닥 터줏대감 천덕이
그 아저씨가 바로 나의 이름이고
너의 또 다른 모습인 것을

청풍 할매

열여섯에 시집와서 2년 만에 혼자되셨다는 그 할매, 아기 한 번 가져 본 적 없고 부엌일 한 번 해 본 적 없다는 청풍 할매, '저런 딱도 하지' , '몰라서 그렇지' 하며 늘 어려운 사람들 감싸 주곤 했다는데, 우리 엄마 그 말씀 되뇔 때는 아마도 청풍 할매가 그립거나, 손끝에 물 한 방울 적시지 않고 사셨던 할머니의 팔자가 부러웠거나, 험한 말씀 한 번 입 밖에 내지 않은 할머니의 그 기품을 존경했던 것인지 알 수는 없으나, 나에게 열여섯 살 청풍 할매는 그때도 늙지 않고 오늘도 여전히 늙지 않는 청풍 할매의 나는 손녀딸, 하필 청풍으로 시집와 영원히 맑은 바람 한 줄기로 살다 간 푸른 바람 우리 할매

넌 이담에 연금도 받을 텐데

지나치게 아낀다 싶을 때면
엄마, 늘
나에게 하시던 말씀이다

'그까짓 것 얼마나 된다고……'
속으로 쫑알쫑알 댔었지만

이제야 알겠네, 우리 엄마
그것이 제일로 부러웠던 것을

너도 늙어 봐라
그 말이 새삼 내 가슴을 울리는데

평생을 써도 남아도는
엄마의 그 말씀이
가장 든든한 연금인 것을

고사 비나리

시월상달 으레
쌀 서너 말 물에 담가
번갯불에 콩 구워 먹듯 후딱 후다닥
시루에 떡 쪄내던 우리 엄마

찹쌀 한 켜 멥쌀 한 켜 켜켜이
팥고물 고물고물 앉힐 때마다 마음속으로
비난수 읊조렸을 터이고, 나는
그 비나리 마음속으로 한 줄 한 줄 받아 적었고

고개 너머 아현동 외갓집은 아마도
한 말 턱은 갖다 드린 것 같고
이웃 동네 집집마다 한 쪽씩 퍼 돌리고 나면
남은 떡이 난 왜 그리 섭했던지 몰라

이사하던 날 아래 위층
팥 시루떡 한 쪽씩 돌렸더니

아직도 이런 집이 있다 하네

사람들은 인정처럼 떡 한 쪽 나누던
그 시절 그리워하고
나는 오늘도 엄마의 비난수를
한 자 한 자 적어 가고 있다

엄마 찾아 삼만 리

문구점 구석에 앉아
'엄마 찾아 삼만 리' 에 빠져서
밤 가는 줄 모르고
훌쩍훌쩍 훌쩍이던 어린 시절

핸드폰은커녕 집 전화도 없던 그 시절
엄마는 눈이 빠지게 어린 딸 기둘리다
애간장을 다 녹이고

발걸음 자욱 소리마다
촉기를 얹어서 별을 세던
엄마는

이제나 저제나 내 곁에
내 맘속에 새겨진 지문인 것을

무슨 말씀이 더 필요했을까

그 어느 해 명절
눈길 헤치고 아버지가 사 오신
갈색 구두 한 켤레

모양도 크기도 색깔도
평생을 두고두고 잊혀지지 않는
수만 리 인생길 포근포근 감싸 안아 준

아버지

나일론, 그 질긴

— 너도나도 빨강 치마 노랑 저고리 때때옷 차려입고 세배 다니던 설 명절 동갑내기 내 외사촌이 본견 유똥 치마저고리 떨쳐입고 우리 집에 세배를 왔다 몇 며칠 밤잠 설치며 고대하고 고대하던 내 나일론 유똥 치마저고리, 그 본견 유똥 치마저고리 앞에서 여지없이 박살나는 어이없는 순간이었다

화로에 인두 꽂아 놓고
박음질 홈질 다시 뜯고 꿰매고

턱 받치고 앉아 조심 조바심
마음 조리던 내 긴긴 섣달 그믐밤
하얗게 빛바랜 전설 같은 그 밤들이
오늘밤 아작아작 깨지고 있다

외숙모가 우리 엄마와의 약조를 깬 것이란다
올해는 그냥 나일론으로 설빔 해 주자던
당신 딸 사랑이 진짜 참사랑이라고
주장하고 싶었던 속내였을까

나일론, 그 질기고도 질긴
언제까지라도 썩지도 못하는
엄마의 사랑
바로 그 눈먼 사랑이었던 것임을

오늘이 바로 그날이다

소가 집을 떠나던 마지막 날
왕방울 그 커다란 눈에
그렁그렁 눈물 떨구더니

치매 살짝 왔다 갔다 하는
아버지, 사진 찍자는 아들 말에
일곱 살 아이로 따라나선다
한 번 건너면 돌아오지 못할
눈물 강이란 걸 알았을까

평생이 집 떠나는 연습이란 걸
오늘이 바로 그날이란 걸
그 아버지 그때 이미 아셨을까

아버지 기도문

쌕쌕 숨 몰아쉬는
어린 딸 등에 업고
밤길 캄캄 내달렸다지요

다급하게 두드려 댄 병원 문이
저승 문턱으로 느껴지셨겠지요

까맣게 타들어 가는 아버지 그 가슴
반야심경보다 주기도문보다
더 절절하게 하늘의 가슴에 닿았겠지요

그때부터 하늘 문을 활짝
열어 놓기로 했다지요
그리고 언제까지나
내 편 되어 주시기로 약속했다네요

민어의 꿈

미식가들 입맛 호강시키는
아버지 팔뚝만 한 민어 한 마리
회 뜨고, 매운탕도 끓이는

회 뜨는 엄마 옆에
민어 뱃속 부레 지키는 오빠
사금파리 주워다 곱게 빻아
부레와 버무려 연줄에 문질러 대더니
날개 돋친 듯 신 나게 뛰쳐나간다

연줄 끊어 먹기 내기를 걸고
뭣도 모르고 달려드는 동네 친구들은
모조리 연줄 다 끊겨 먹히고

부레 연줄 타고 하늘 나는 꿈
오빠는 평생 그 꿈속을 헤매고 있는 중

나는 꿈속에서도 늘 가방을 연다

내 등에는 언제나 까만 란도셀이 달랑거렸다
어릴 적 학교 가기 싫었던 첫 번째 이유는
바로 그 까만 가죽 란도셀 때문,
빤짝빤짝 빛나는 빨간 란도셀이 부러웠지만
왜 하필 나에게는 시커먼 가방이냐고
왜 한 번도 엄마에게 따져 묻지 못했을까
그 가방을 메야만 하는 답을 알았던 것일까
그 무겁고 시커먼 란도셀에 주눅 들던 나,
한껏 졸아들어 목소리는 땅속으로 기어들고
가방은 내 어깨를 짓누르고
그러나 나는 아직도 벗을 수가 없다 그 가방을

구속이 자유라는 걸 가르쳐 준 이 있어
또한,
한평생이 그 가방 속이라는 것도

엄마가 밥

— 철들어 가는 일 1

우리 집 문간방에 세 들어 살던
이름도 가물가물한 그 아이
아빠가 6 · 25 때 전사했다는,
그래서 유복자로 태어났다는 그 아이
엄마는 밥벌이 가는지 어디 가서
가끔 집을 비웠는데, 그때마다 그 아이
—'엄마 없는 이 세상, 밥 먹기도 싫어요'
숟가락에 노랫가락 얹어 부르곤 했는데
왠지 우습기도 청승맞기도 했던 그 노래가
지금, 내 가슴 아릿하게 울려오는 것은
한 생명 낳아 그 생명 길러 보았기 때문,
생명 받은 자들, 다시 첫 번째 할 일은
한 생명 생산해 내는 일,
그 생명 보듬어 기르는 일일 터
엄마 없는 이 세상, 밥 먹기도 싫은
천 길 낭떠러지 세상이라는 걸

깨닫게 되는 일이라는 거

엄마가 밥이고, 밥이 곧 엄마라는 걸

젖꼭지
— 철들어 가는 일 2

그날 자지러지게 울었지요
동생한테 엄마 젖꼭지 빼앗기고
젖 먹던 힘, 그게 바로
생의 안간힘이었던 것을

빼앗겨 본 사람은 안다
평생을 두고 우리가
고군분투 지키려는 것은
바로 젖꼭지라는 것을

산다는 것은 젖꼭지 그것 지키는 일
억만 겁의 연을 쌓아야 한 생명이 태어난다는데
그 젖꼭지 하나, 이 세상 무엇과 바꿀 수 있으랴

그러나, 세상은
시작도 끝도 없는 것
뺏길 것도 잃을 것도 없는 것

젖 먹던 온 힘 다해
애쓸 일은 더더욱 아닐 터이지만

오늘도 나는 내 젖꼭지 지키기 위해 사력을 다하고
있다

매잡이

— 철들어 가는 일 3

나 초등학교 일학년
피난처에서 돌아왔지요
예뻐해 주던 선생님도 친구도 하나 없는
낯선 학교 가기 죽기보다 싫었지요

그때 아버지, 회초리 드셨지요
평생에 단 한 번이었을,
언니도 오빠도 본 적이 없는
그 회초리, 지금도 다가오네요

50년 동안 세상 학교에 다녔지요
배우고 또 배우며
자갈길이 바로 인생길이라는 걸
그 회초리가 가르쳐 주었지요

나도 꼭 한 번
회초리 들었어요 내 아이에게

그때 깨달았지요 맞는 매보다
때리는 매가 수천 배 더 아프다는 걸

슬픈 전설

— 철들어 가는 일 4

설마 타 죽는 건 아니겠지
가슴 졸이던 어린 시절

곱슬곱슬 꼬부라지는 머리카락
어제와 달라지는
오늘의 내 모습이 낯설다

언제까지나 풀리지 않고
영구하다는 그 파마먼트도
몇 달 안 돼 풀려 버리고

세상은 가끔 우리를 속이기도 한다는
그 슬픈 진실을 그때 벌써 눈치챘고
만화 속 공주는
만화 속에서만 공주가 된다는 것도

그러나,

나는 지금도 여전히 내 맘속의 공주를
꿈꾸고 있다는 그

슬픈 전설

아버지의 집

— 철들어 가는 일 5

새집으로 이사를 갔지요
아흔아홉 칸 고래등은 아니라도 아버지가 지은
마당 있는 반듯한 네 칸에 방 두 개 덧붙여진
그래도, 그 집보다 더 좋고 편한 집
꿈꾸다가 드디어 고개 넘어 아현동으로
십수 년간 살던 집 미련 없이 버리고
이사를 갔지요, 갔는데요
한 아름 대들보며 대청마루엔 분합이 달려 있는
꿈에 그리던 바로 그 집이었지요
이 집 저 집 세월처럼 떠돌다가
반백 년 지나 옛집 찾아가니
누군가 아직도 고스란히 그 집 지키고 있었지요
앞뒤 집 모두 3, 4층 다세대 주택으로 바뀌었지만
아버지 고집이 집을 지키고 있었지요
아버지는 이사 가기 싫었던 것이었구나
우리 식구 모두가 살아서 살아서
아직도 살고 있는

제3부

경로敬老와 경로競老하다

지하철 구석자리 경로敬老석에
지긋이 눈감고 앉아
앞에 서 있는 할머니 눈치를 살펴본다
나하고 어디 한번 경로競老하자 째려본다

파릇파릇 젊은 것들 하곤 아예
키 재기가 안 된다는 눈빛이다
나도 벌써 지공여사*예요
소리 없이 고함쳐 보지만

아무렴, 택도 안 되는 경로敬老끼리는
함부로 경로競老하는 게 아니고말고

* 지공여사 : 지하철 공짜로 타는 여자를 지칭하는 말.

만돌린을 켜다

가는 목줄 요리조리 잡아 누르고
통통한 몸통 여기저기 찔러 대면
살려 달라 애원도 하고
엄살을 부리며
아양을 떨기도

그런다고 누가 사정 봐주랴
갈 데까지 가봐야
상황 끝나는 거지

성깔 제대로 부릴 줄 알아야
제 이름 똑바로 세우는 거지

어디 계급장 떼고 해보자고?

죽창 하나 들고 힘겨루기를 한다
저 아프리카 케냐족 사내들은
그곳마저 가리지 않고

한 치의 반칙도 어떤 꼼수도 부리지 않고
오직 제 근육질 힘만으로
가장 강한 남자가 되어
마음에 찜했던 여자를 낚아챈다

넥타이 하나 푼다고 계급장이 떼어지나요?

치부에 치부를 덧가리는 옷가지들
속옷까지 모조리 벗어 던지고

어디 맞장 한번 떠 볼까요?

동창회 다녀와서

제 속도 모르면서
남의 속 속속들이 헤집어 보려는
야멸차게도 부풀은
동상이몽의 헛꿈들이여

"열 길 물속은 알아도
한 길 사람 속은 모른다"는데

말, 제 묵언을 들으시나요

피나도록 손톱이나 물어뜯는
새하얀 달밤

자존심이 때론
목숨보다 중요한 것이라는

그 말, 말의 번개가
내 이마를 후려칠 때

없는 그 말이
곧 구원이며 평화로의 길인 것을

끝내
'운명의 지침을 돌려놓고' 가는
번뇌 세상인 것을

용 나는 개천 이야기

개천에서 용이 나던 시대는
이제 더 이상 아닌 거라고,
개천에서 용이 나야,
그래도 살 만한 세상이라고,
모두 개탄들 하지만

송사리 잡고 가재 잡던
개천이 세상의 전부였던,
용 한 번 본 적 없으면서
용이 되겠다고 용꿈을 꾸던
그 아이 개천의 용이 되었다는데

지금 어디에서
또 다른 용꿈에 깊은 잠 들고 있을까

아지랑이 아물아물
흐린 별빛 너머 빌딩 꼭대기로

문득 50년 전 그 꿈 많던 아이
해맑던 덧니 사이 웃음이 반짝 비쳐 드네요

하시나요? 화장을

아니죠, 생얼
스킨 로션 수분크림 영양크림 선크림
처덕처덕 바를 거 다 바르고, 마지막
파운데이션 아닌 B.B크림 발랐다고
생얼이라뇨

화장,
나를 사랑함이며
너를 존중함인데

화장발인들 어떠랴
전 · 후 따져 뭣하랴
그것도 내가 만든 내 모습인데

환하게 칠하고 예쁘게 그리고
세상의 창, 활짝들 열어 보자고요

버스는 오라이 힘으로 달린다?

광화문, 종로, 청량리
탕탕 버스 옆구리 힘차게 쳐대며
오라이, 오라이 밀어 넣는다
문밖 잔득 매달린 승객들을
기사 아저씨 한바탕 버스 흔들어 추스르고 나면
손님들 손잡이에 매달려 제자리 잡고

빡빡머리 총각한테 따진다 안내양이
'학생 맞아요? 교복도 안 입었는데
학생 차비 내면 어떡해요?'
'누나 한 번만 봐주라
누난 데이트 할 때 차장복 입고 하니?'

모두들 통쾌하게 껄껄 깔깔
버스 안이 환하게 켜진다
안내양도 창밖 향해 방그레
오라이, 그래 넉넉하게 오라이
너와 내가 꿈꾸는 바로 그 세상이다

파뿌리를 자를 때

눈물 흐른다
검은 머리 파뿌리 되고

아무도 피해 갈 수 없는
하늘의 명령인가

네 몸 바쳐
내 몸 살리니

몸과 마음
구분이 따로 없네

눈물, 마르지 않는
영 · 육간의 다함없는

사랑이네

덤으로 산다

반평생은 덤이라 생각하셨지요
우리 엄마, 짧고도 긴 100년 모진 세월

아홉 살 어린 나이에 어머니 여의시고
육십 평생도 과하다고
환갑 지났으니 이제
다 덤으로 사는 거라고

부모 친척 모두의 명을
당신 혼자 다 이어받은 것이라면서

대신 사는 인생이 어디 있으랴
덤도 다 제 운명의 몫이거늘
하늘이 내려준 이 땅의 분복이거늘

묻지도 말라고?

1

TV에서 바나나 우유를 광고한다
'나도 저거, 쪼끄만 거, 마시는 거'
남편, 빙그레 웃으며
요구르트 병 따다 준다

무슨 생각했을까
건망증? 치매 초기?

히죽히죽 따라 웃으며
스쳐 가는 순간의 생각들

2

잊지 말아야지
사람들 이름, 얼굴만은

좋았던 일 나빴던 일

열심히 외우고 또 외웠던
영어 단어는 다 잊어버리더라도

새콤달콤 한 모금 삼키며
갑자기 저물녘이 우울해진다

TV에선 또 사망 보험 들런디
묻지도 따지지도 말고

날마다 목숨 걸고 산다

모두들
허당인 줄 안다
뽕빼는 삶의 일들이

그래도, 세상
한 모서리 어딘가쯤은
마음먹고 비워 둘 일이다

숨구멍 하나 하늘에다
뚫어 둘 일이다

날마다 미역국을 끓인다

나도 엄마만큼 살아야
알 것 같다 그 마음을

사그라지는 몸과 마음
하루가 다르다

당해 봐야 아는 일이
어디 이뿐이랴

시간의 조각보 기우며
소원해 본다

— 오래 살아야지

제4부

타지마할, 너

하늘과
땅 사이

가장 가깝고도
먼
너와 나의

사랑
거기
그렇게

언제까지

사피에나 예찬

1

미얀마 인레 호수
수초 흔들리는 숲 사이사이
수줍어 수줍어서 얼굴 내미는
사피에나 한 무더기

파리 샹젤리제 지날 때
가로등 높이 바구니 한 가득가득
매달려 나를 유혹하던

2

여기 서울 한복판
버스 정류장마다
무더기무더기 피어나 반갑다
인사말을 건넨다

물 참방참방 하늘 너머

다시 먼 타국에서 너는
그때처럼 웃고 있지만

다 같으면서, 다 다른
서로 죽고 죽이며 사는
이 차별 세상에서

고향을 묻지 마세요

모리타니 문어, 세네갈 피뿔고둥, 아이슬란드 열빙어 알, 노르웨이 연어, 캐나다 북방조개, 칠레 송어, 대만 농어…… 초밥 10여 개에 5대양 6대주가 찰랑찰랑 물결친다 어디 그뿐인가, 사막 모래바람 눈앞을 가리고 휘파람 휘날리듯 펄펄 날리는 사우디아라비아 새우까지,

국민 생선 고등어는 노르웨이, 상어는 캐나다산, 어디 바다 어족뿐인가 아침에 갈아 마신 주스는 필리핀 바나나, 미국산 블루베리

신토불이 자타불이, 내 몸은 내 땅에서, 그 구호는 어느새 슬그머니 글로벌 글로벌로 새 옷을 갈아입고 세계일화 온 세계는 한지붕 한가족, 얼굴빛도 언어도 모두가 하나로 통일되는 지구공동체, 네 나라, 내 나라 이젠 내 고향 네 고향 고향을 묻지 마세요

부끄러움에 관하여

'이뻐요 언니, 원 달러'
'언니 이뻐요, 캔디'

번쩍번쩍 거대한 저 황금탑에
온종일 매달린다
언니, 이뻐요를 목이 메도록
가랑가랑 가랑잎처럼

1달러 던져주고
난 왜 이리 부끄러운가

왕자 거지 눈망울에
금불탑이 불타고 있네

홀씨 하나 날아와 싹 틔우더니

성곽 통째로 삼켜질 줄
아무도 몰랐다

너 죽고 나 살자
끝장내는 날
그 스펑나무 또한 주저앉으리

무릎 꿇은 자의 까마득한 절망을
누가 어찌 감당하리

나무 속에 들어앉은
타프놈* 천년 궁전

---

* 나라의 영토를 확장하고 부강하게 한 군주(자야 바르만 7세)가 어머니에게 지어 바쳤다는 사원.

눈 뜬 장님으로

벙어리 삼 년
귀머거리 삼 년
눈 뜬 장님 삼 년은
시집 살아 내는 금과옥조였는데

보고도 본 게 아니고
듣고도 들은 게 아닌 세상
믿을 건 지금 내가
살아 숨 쉬고 있다는 사실 하나뿐

늙으면 애 된다고들 하지만
고추 당초보다 매서운 한 세월
온갖 풍상 다 겪고 나니
다시 나는 귀먹고 입 멀어
눈 뜬 장님으로 남아 있을 뿐

가짜 손목 깁스 이야기

'오죽했으면' 이라고 해야 되나
'어떻게 그렇게까지' 라고 해야 되나

열 명이 먹는 일꾼 밥은 혼자서 해도
제삿밥은 혼자서 못한답니다

해가 뜨고 달이 지는 일만큼이나
변할 수 없는 삶의 질서

휘영청 보름달 바라보며
제 소원 빌고 또 빕니다

조상 없는 자손이 어디 있으랴

해킹당하다
— 대장 내시경을 하고

천 길 몸속을

헤집고 다녔다

내장 속 깨끗이 비워 놓았으니

가져갈 것도

빼앗길 것 하나 없지만

내 마음 속속들이 엿보일라

꽁꽁 싸매고 짜매 둔

나만의 진짜 비밀

해킹당하다

변기에 앉아서

'일하지 않는 자 먹지도 말라'
했거니

가장 정직한 진실은
일하는 것뿐

세상살이에
거저는 없는 법

꽉꽉 뭉쳐 둔
비밀, 여지없이 쏟아 내는
저 내장의 노동을 보아라

어찌 말하랴

인면수심이라고?
악마의 심장으로?

하지만

누가,
누구에게 돌을 던지랴

사람이란 게
왜 이리 부끄러운가
햇살 맑은 이 아침에

거름망이 필요할 때

정수기에 걸러 낸
수정 샘물

정화기에 걸러진
청령산 숲속 공기

우리 몸속 핏줄 따라 돌다가
거름망 없이 쏟아 낸다

오염된 물과 공기
우리 몸을 병들여 가고

핵이빨 말본새에
영혼이 썩어 들어간다

길 위에서

앉을 때나
설 때나
아구구구
뼈 금 가는 소리 새나온다

굽혔다
폈다 구부러진 몸 천 리

혼자 가다 보면 안다

삶이란
길 아닌 길이라는 것을

나는 시인이니까

1

전화기 만지작만지작
누구에게 걸까 망설이고 망설이다
이 악물고 외로움 꿀꺽
삼킨다

속마음 얼굴에 감출 줄 몰라
오장육부 훤히 드러내는, 나는

부동산, 주식 투자, 투자 투자할 것은
오직 시간뿐!
가는 시간 녹슨 무릎 멍하니 바라보는 동안
하루해 꼴깍, 꼴깍 넘어간다

2

거짓말은 정말 못하겠다
그 말이 거짓말이라 해도

그러나, 그 거짓말이
진짜 거짓말이라 하고픈

이 꼴 저 꼴 세상 꼴
어떤 꼴도 다 못 보아 넘기는
그래서 외톨이가 되어 버린
나만은 올바른 꼴이라고
끝까지 우기며 내 길을 간다

지상의 한 끼니

누군가가 지어 준 집에서
누군가가 만들어 준 옷을 입고
누군가가 농사지은 곡식으로
등 따시고 배부른 하루하루

나도 무엇인가 지어
세상 누군가에게 보답하고 싶어
시 한 편 밤새워 만들어 보았네
한 끼니 영혼의 양식이라도 될 수 있다면
난 또 그 누군가에게
더할 수 없는 고마움 입고 살아가겠네

잃어버린 시간을 찾아가는 시적 여정, 혹은 철들어 가는 일

— 조영숙 시집 『자[尺]』

이 성 천

(문학평론가)

1.

아무래도 조영숙의 두 번째 시집 『자[尺]』는 시간을 의식하면서 읽는 편이 좋을 듯하다. 새삼스레 새 시집에 시간 관련 시어들이 빈번하게 출현한다거나, 지나간 세월(시간)을 회상하는 시편들이 상당수 수록되어 있다는 단순한 사실을 지적하는 말이 아니다. 그보다도 금번 조영숙의 시집은 서로 다른 시간들의 중첩을 통해 시적 주제를 마련한다. 다시 말해 이번에 시인은 과거와 현재, 시작과 끝, 유년 시절과 "바로 지금" 등의 이질적인 시간들을 대질시킴으로써 시의 의미를 확산한다.

혹, 이렇게 말해 보아도 좋겠다. 조영숙의 시집 『자[尺]』는 일정한 시차時差를 노정露呈한다. 그 시차는 이른바 '잃어버린 시간' 과의 간극에서 발생한다. 이때 조영숙 시인에게 '잃어버린 시간' 은 인간 본성의 기원적 상태, 또는 현대의 자본주의적 일상이 훼손하고 망각한 근원적 삶의 고유한 지대를 의미한다. 맹자의 한 구절을 빌려 와 이를 소박하게 표현해 보면, 그 '잃어버린 시간' 이란 사단四端의 마음(측은지심惻隱之心/수오지심羞惡之心/사양지심辭讓之心/시비지심是非之心,「공손추公孫丑 편」)이 생동하는 시간과 이를 바탕으로 한 공동체의 도덕적 가치(「고자告子 편」)가 끊임없이 통화되는 공간으로 설명해 봄 직하다.

과연 시집의 어딘가에서 시인은 이렇게 말한다. 나는 "성선설을 믿는다"라고. 이렇게 볼진대, 이번 조영숙의 시집은 인간의 선한 본성에 대한 무한한 신뢰를 앞장세우고 '잃어버린 시간' 을 찾아가는 시인의 여정으로 이해해 볼 수 있다. 특히 이 과정에서 시인은 잃어버린 시간의 바늘을 현재적 삶의 공간으로 재설정함으로써, 인생의 고유한 원리를 측정하는 하나의 균일한 '자' 를 마련하고 있다. 시집 『자[尺]』는 시간의 중첩이라는 시적 방법론을 매개한 시차적 사유를 통해, 지금/여기 삶의 정체성을 다각적으로 재단하고 있는 것이다.

자, 이제 시간이 되었다. 조영숙 시인이 예정한 '잃어버린 시간' 속으로 시간여행을 떠나기로 하자.

2.

마르셀 프루스트의 유명한 소설 『잃어버린 시간을 찾아서』는 단순히 과거로 향하는 이야기가 아니다. 잘 알려져 있듯이 이 소설은 중년의 나이에 이른 프루스트가 기억의 연속 작용을 통해 유년 시절 꿈꾸던 예술가의 길로 재진입하는 과정을 입체적으로 담고 있다. 여기서 주인공 마르셀에게 잃어버린 시간은, 그 시간들에 대한 기억은 언제나 현실의 시간을 추동하는 핵심 동인으로 기능한다. 『잃어버린 시간을 찾아서』에서 작가의 분신이기도 한 마르셀은 지나간 과거의 시간들을 환기함으로써, 궁극에는 현재 시간의 의의를 되새김질하고 있는 것이다.

프루스트가 잃어버린 시간을 찾아가며 작가로서의 소임을 한층 충실하게 수행할 수 있었다면, 조영숙은 유년의 기억을 적극적으로 차용하며 시인 특유의 정갈한 서정 시편들을 지속적으로 생산한다. 기억을 전방위적으로 활용한다는 측면에서 조영숙의 작품들은 일견, 프루스트의 그것을 닮아 있다. 차이가 있다면, 『잃어버린 시간을 찾아서』가 세비네 부인, 라신, 발자크, 상드, 플로베르, 말라르메 등 근세기 프랑스의 위대한 작가들을 순차적으로 호명하고 있는 데 비해, 조영숙의 시집은 유년 시절부터 현재에 이르기까지 그녀가 만난 주변의 평범한 인물들을 사랑과 공경과 연민과 동정의 정서를 동반하며 애타게 불러들이고 있다는 사실이다.

> 열여섯에 시집와서 2년 만에 혼자되셨다는 그 할매, 아기 한 번 가져 본 적 없고 부엌일 한 번 해 본 적 없다는 청풍 할매, '저런 딱도 하지', '몰라서 그렇지' 하며 늘 어려운 사람들 감싸 주곤 했다는데, 우리 엄마 그 말씀 되뇔 때는 아마도 청풍 할매가 그립거나, 손끝에 물 한 방울 적시지 않고 사셨던 할머니의 팔자가 부러웠거나, 험한 말씀 한 번 입 밖에 내지 않은 할머니의 그 기품을 존경했던 것인지 알 수는 없으나, 나에게 열여섯 살 청풍 할매는 그때도 늙지 않고 오늘도 여전히 늙지 않는 청풍 할매의 나는 손녀딸, 하필 청풍으로 시집와 영원히 맑은 바람 한 줄기로 살다 간 푸른 바람 우리 할매
>
> —「청풍 할매」 전문

"청풍 할매"는 그 인물들 중 한 명이다. 인용 시에는 유년 시절에 대면했던 "청풍 할매"의 이력이 소상하다. "열여섯에 시집와서 2년 만에 혼자되셨다는", "아기 한 번 가져 본 적 없고 부엌일 한 번 해 본 적 없다는", 어찌 되었거나 요약적으로 말하자면 "험한 말씀 한 번 입 밖에 내지 않은" "기품"을 지녔다는 것이다. 하지만 이 시에서 우리의 일차적 관심은 이런 것들이 아니다. 뿐만 아니라 "할매"가 "푸른 바람"과도 같은 운명적 존재였다는 사실을 "청풍淸風"이라는 지명地名과 교차시켜 형상화한, 시인의 재치 있는 언어감각을 새삼스럽게 적출해 내는 일에도 있지 않다. 그보다 이 지점에서 우리가 주목하는 것은 "청풍 할매"가 "그때도 늙지 않고 오늘도 여전히 늙지 않는" 불변의 존재로 '나'에게 인

식되고 있다는 사실이다. 시적 화자인 "나에게 열여섯 살 청풍 할매"의 시계는 멈추어져 있는 것이다. 이런 시간의 정지 현상은 어떻게 가능할까.

모든 기억은 시간을 먹고 산다. 마찬가지로 모든 기억은 경험적 사건들의 종합적 시간이다. 그것은 기억하는 주체의 의사와는 무관하게 지나간 시간과 경험적 사건을 기반으로 자연스럽게 형성되기 때문이다. 하지만 단언하건대, 어떤 기억은 과거의 시간에만 전적으로 의존하지 않는다. 동일한 맥락에서, 어떤 기억 속 사건들은 현존재의 선택적 행위에 의해 의도적으로 편집되기도 한다. 이 경우, 기억은 일종의 정신의 사후작용이며, 여기에는 기억하는 주체의 의지가 강력하게 개입하고 있다.

기억하는 주체의 의지가 적극적으로 간섭하고 있다는 점에서, 또한 정신의 사후작용이라는 측면에서 '선택된' 기억은 시간의 흐름이라는 자연의 질서로부터 자유롭다. 그러므로 선택된 기억은 종종 시간의 정지를 통해 순간의 풍경으로 재현되기도 한다. 특히 '선택'의 목적이 분명할수록 기억 속 풍경은 오래도록 주체의 마음 곁에 머물러 있게 마련이다. 가령, 기억하기 행위를 통해 현실의 결핍 부분을 충당한다거나, 혹은 힘겹고 고단한 일상에서 지친 영혼을 위로받기 등등. 이렇게 보면 결국 기억하기란, 선택받은 기억이란 주체의 현재적 마음 상태를 드러내는 일에 다름 아니다. 따라서 기억이 재생하는 정지된 풍경에는 어떤 식으로든 그것을 기억하고자 하는 지금/여기, '나'의 마음이 오버랩 된다.

그렇다면 "청풍 할매"의 모습에 포개진 '나'의 마음이란 무엇인가. 시간의 정지를 통해 "그때도 늙지 않고 오늘도 여전히 늙지 않는" "할매"의 존재를 기억해 낸 현재 시인의 마음 형상은 어떠한가. 유년 시절과 마주하는 조영숙의 또 다른 '기억시편'들에는 이러한 우리의 물음에 대한 답변의 실마리가 제공되어 있다.

> 우리 집 드나들던 단골 장수 아주머니들, 아들만 아홉을 둔 늘 배고팠던 이웃집 연녕 엄마도 우리 집 밥상머리 단골, **훈훈한 낯빛으로 오고 갔던 인심들** 그 사람들 다 어딘가로 사라지고// 내 장롱 속 세모시 한 필/ 삭히고 삭혀진 오십 년 근근 세월/ 어느 햇살 맑은 여름날 오후/ 알금알금 잠자리 날개 되어 가볍게 하늘을 날아오르리
>
> —「세월은 잠자리 날개로 날아간다」 부분

> 제 이름과 날짜에 그리도 집착했던 까닭은 아마도,/ 시간 열차 꽁무니에 매달려 이름 석 자 새기고/ 바람처럼 떠나 버리는 게 인생이라고—/ 장마당 오가는 우리에게 진즉 가르친 것은 아닐까요/ **그래도 이름이라도 물어 주는 인정 있어**/ 아주 외롭진 않았을 터이고/ 언제까지였을까/ 장바닥 터줏대감 천덕이/ 그 아저씨가 바로 나의 이름이고/ 너의 또 다른 모습인 것을
>
> —「천덕이」 부분(이상 고딕체 필자)

「세월은 잠자리 날개로 날아간다」는 시인이 우연히 "장롱

속 세모시 한 필"을 보고 연상한 유년 시절의 "그 사람들"에 대한 보고서다. 이 시에는 그 시절 "우리 집 밥상머리 단골"들이 수두룩하게 등장한다. 미군부대에서 흘러나온 온갖 물품들을 팔러 다니던 "미제 보따리장수 아줌마"와 "모가지 부러지게 누비이불 산더미 머리에 이고" "주섬주섬 다가오던 아주머니", "겨우내 짠 모시, 베 낙타처럼 등에 지고 상주에서 온다는 모시 장수" "할머니"와 "아들만 아홉을 둔" "이웃집 연녕 엄마"가 그들이다. 이들은 모두 "늘 배고팠던" 삶을 살다 간 사람들이다. 하기야 "오십 년" 전 허기와 굶주림에 노출된 사람들이 어디 이들 뿐이었겠는가. 가난과 궁핍이야말로 그 시절 우리 삶의 맨얼굴은 아닐 것인가. 한 가지 흥미로운 사실은, 그럼에도 이 시의 등장인물들은 가난과 허기에 전혀 위축되어 있지 않다는 점이다. 오히려 인용시에서 그들은 "훈훈한 낯빛으로 오고 갔던 인심들"의 주동적 인물로 그려지고 있다.

어둡고 비루한 삶을 살아가기는 "천딕이"도 마찬가지다. 「천딕이」는 특별한 사건으로 구성되지 않았음에도 독자에게 진한 감동과 잔잔한 여운을 선사한다는 점에서 인상적이다. 작품 속 주인공 "천딕이"는 시인이 어릴 적 "엄마 따라 시장에 가면" 아무 때나 "장바닥"에서 만날 수 있었던 "거지꼴"의 아저씨다. "천딕이 아저씨"는 "누구라도 이름 묻고 또 오늘이 며칠인가 물으면" 예외 없이 "천 · 딕 · 이"라고 "답하곤" 한다. "제 이름과 날짜에 그리도 집착했던" 그는 우리 삶의 제도적 차원에서 보면 필시 비정상적인 인물임이 틀림

없다. 그런데도 시인은 천덕이의 삶을 소외와 배제, 멸시와 천대 같은 단어들에 종속된 한 많은 인생으로 기억하지 않는다. 이 시도 역시 "그래도 이름이라도 물어 주는 인정 있어"라고 기록함으로써 그의 생애가 마냥 우울하지만은 않았음을 보여 준다.

사정이 이러하다면 우리는 다시, 물어야 한다. 조영숙의 기억시편에서 이 같은 시적 반전은 어떻게 이루어지는가. 또 이런 의미의 혼돈 현상을 주조해 낸 시인의 마음을 어떻게 해명해야 하는가.

눈치 빠른 독자들은 진즉에 간파했겠지만, 해답의 열쇠는 두 편의 시를 관통하는 공동 시어 "인정(인심)"이 쥐고 있다. 이 시들에서 시인의 유년 시절은 단연, "인정(인심)"이 넘치는 세계로 기억된다. 예를 들면 "우리 집을 드나들던 단골 장수 아주머니들"의 시대는 비록 누추하고 초라했지만, 그럼에도 그 시절에는 "훈훈한 낯빛으로 오고 갔던 인심들"이 동행하고 있다. 마찬가지로 "장바닥의 터줏대감 천덕이"의 생애는 "그래도 이름이라도 물어 주는 인정 있어/ 아주 외롭진 않았을 터"다. 그들의 가까운 곳에는 시인의 "엄마"를 비롯해서 가슴 따뜻한 사람들이 모여 살고 있다. 뿐만 아니라 이들의 삶에는 타자에 대한 연민과 동정, 이해와 소통의 정신이 스며들고 있었다. "제 이름과 날짜에 그리도 집착했던 까닭"을 현실 적응 능력 부족으로 이해하기보다, "아마도,/ 시간 열차 꽁무니에 매달려 이름 석 자 새기고/ 바람처럼 떠나 버리는 게 인생이라고—/ 장마당 오가는 우리에게 진즉 가르친 것은 아닐까요"라며 "천덕이"의 존재 이유를 부각시킨 시적 화자의 태도는 이 점을 여실히 증명한다.

이렇게 보면, 결국 조영숙 시인이 이들을 '선택'해서 기억 하려는 이유가 자명해진다. 현재 시인은 이들 삶의 방식을 그리워하며, 그들의 마음 곁에 오랫동안 머물러 있기를 염원하는 것이다. 이웃을 사랑하고 측은하게 여기며, 상대방의 삶을 그 자체로 존중하고 겸손해하던 이들의 마음 위에 현재 자신의 마음을 얹어 두고 싶은 것이다("청풍 할매"와 "그 아주머니들"과 "천덕이" 등 앞선 조영숙 시의 주인공들이 한결같이 외롭고 불우한 인생을 살았다는 사실을 상기해 보라!). 그리고 급기야는 이들의 정서에 동화되고 싶은 것이다. 「세월은 잠자리 날개로 날아간다」의 시편 말미에 놓인 "삭히고 삭혀진 오십 년 근근 세월"을 넘어 "알금알금 잠자리 날개 되어 가볍게 하늘을 날아오르리"라는 시구에는 이 같은 현재 시인의 동화된 마음이 포개져 있다. 아울러 「천덕이」 작품 전체를 통해 꼬박꼬박 "천덕이 아저씨"라고 부르던 시적 화자의 호칭에는 힘들고 고단한 삶을 외롭게 횡단하던 '비정상적인' 존재를 향한 연민과 동정, 더 나아가 존중과 배려의 마음이 곁들여져 있다. 이러한 시인 마음의 형상을 우리는 일단, 맹자의 언어로 전환하여 측은지심惻隱之心과 사양지심辭讓之心의 그것이라고 불러도 좋으리라.

시월상달 으레
쌀 서너 말 물에 담가

번갯불에 콩 구워 먹듯 후딱 후다닥
시루에 떡 쪄내던 우리 엄마

찹쌀 한 켜 멥쌀 한 켜 켜켜이
팥고물 고물고물 앉힐 때마다 마음속으로
비난수 읊조렸을 터이고, 나는
그 비나리 마음속으로 한 줄 한 줄 받아 적었고

고개 너머 아현동 외갓집은 아마도
한 말 턱은 갖다 드린 것 같고
이웃 동네 집집마다 한 쪽씩 퍼 돌리고 나면
남은 떡이 난 왜 그리 섭했던지 몰라

이사하던 날 아래 위층
팥 시루떡 한 쪽씩 돌렸더니
아직도 이런 집이 있다 하네

사람들은 인정처럼 떡 한 쪽 나누던
그 시절 그리워하고
나는 오늘도 엄마의 비난수를
한 자 한 자 적어 가고 있다

—「고사 비나리」 전문(고딕체 필자)

타자를 향한 사랑과 존중의 마음, 배려와 소통의 정신이 넘실대는 "인정"의 세계를 그려 낸 작품을 꼽으라면 절대로 「고사 비나리」를 외면할 수 없다. 「고사 비나리」는 "시월상달" 이 되면 "우리 엄마" 가 "으레" "쌀 서너 말 물에 담가" "고개 너머 아현동 외갓집" 은 물론 "이웃 동네 집집마다 한 쪽씩 펴 돌리고", "이사하던 날 아래 위층/ 팥 시루떡 한 쪽씩 돌렸" 다는 평범한 이야기다. 하지만 작품의 전언은 여기서 그치지 않는다. 이 시의 행간에는 "우리 엄마" 의 "시루떡" 은 단순한 음식이 아니라 그 시절 "인정" 의 상징적 대리물이었다는 것, "엄마" 가 "읊조렸을" 비나리청에는 자신의 직계 가족은 물론 공동체의 안위에 대한 기원이 포함되어 있다는 내용이 들어 있다. 이 사실을 시인은 "시루떡" 에 관한 두 가지 기억을 연계시켜 "번갯불에 콩 구워 먹듯 후딱 후다닥" 속도감 있게 처리한다. 1, 2, 3연의 "시월상달" 과 4연의 "이사하던 날", "찹쌀 한 켜 멥쌀 한 켜 켜켜이/ 팥고물 고물고물" 쪄낸 그 "시루떡" 에는 이웃을 향한 애틋한 마음이 각인되어 있다. 동시에 공동체적 삶에 대한 공경과 겸양의 마음이 "켜켜이" 자리 잡고 있다. 발랄한 '말놀이' 가 동원된 이 시에도 예외 없이 측은지심과 사양지심의 정서가 버무려져 있는 것이다. 그런데 이 시에 가라앉은 시인의 마음은 비단 이것뿐만이 아니다. 「고사 비나리」에는 "펴 돌리고 나면/ 남은 떡이 왜 그리 섭했던지 몰라" 했던 어린아이의 순수하고 정직한 내면이 투사되어 있다. 더불어 세월이 흘러 "철이 든" 아이가 세계를 이해하며 부끄러워하는 마음이 역설적으로 가미되어 있다. 마지막 5연의 "사람들은 인정처럼 떡 한 쪽 나누던/ 그 시절 그리워하고/ 나는 오늘도 엄마의 비난수를/ 한 자 한 자 적어 가고 있다" 라는 시구의 쓰임은 이러한 내막에서 비롯된다. 결과적으로 이 시는 시인의 부끄러운 마음, 즉 수오지심羞惡之心으로 바라본 유년의 또 다른 아름다운 풍경이었던 것이다.

이처럼 이번에 조영숙 시인은 시종일관 자신의 유년 시절을 공동체에 대한 사랑과 인간에 대한 예의가 넘쳐나는 세계로 기록하고 있다. 이 세계가 시간의 일시적 정지 현상 및 의미의 혼돈 과정을 통과하며 시인의 마음속에 재현되고 있음은 물론이다. 가스통 바슐라르의 말마따나, 시인에게 유년 시절은 어김없이 "지상 최대의 풍경"으로 연출되고 있는 것이다. 거듭 강조하는 말이지만, 조영숙 시인에게 유년이 지상 최대의 풍경, 최고의 시간일 수 있는 것은 측은지심과 사양지심과 수오지심의 마음으로 맺어진 인정 많은 사람들이 변함없이 살고 있는 까닭이다. 마치 "어릴 적, 비 갠 오후/ 지렁이 몸통에 꽃소금 뿌려 대"고는 "여름날 봉숭아 꽃그늘 아래 숨어/ 가슴 두근두근하던// 지렁이 방울뱀이 수캐가 따라올까 봐/ 오줌 지리며 떨던"(「성선설을 믿는다」) 어린아이와도 같은 순수한 영혼들이 영원히 함께 호흡하기 때문이다. 그러기에 시인은 이제까지 기억의 회로를 통해 이들과의 만남을 적극적으로 주선해 왔다. 특히 시인이 의도했건 그렇지 않았건, 이 같은 시적 '만남'은 맹자의 성선설, 즉 사단의 마음을 경유할 때 보다 입체적으로 드러난다.

그렇다면, 맹자 사단四端의 마지막 퍼즐, 시비지심是非之心은 어디로 갔을까.

3.

애초에 조영숙 시인은 잃어버린 시간의 바늘을 현재적 삶의 공간으로 재설정함으로써 인생의 고유한 원리를 측정하는 하나의 '자'를 마련한다고 비유적으로 말했거니와, 이 말은 시집 전체를 통틀어서 여전히 유효하다. 시집에 수록된 대개의 시편들이 "세상에서 제일로 소중한 건/ 바로 지금/ 지금至今이 바로 지금至金"(「세상에서 제일 중요한 건」)이라는 시인의 인식에 기초하고 있다는 것, "사람들"의 온기로 채워진 그의 기억시편들 너머로 얼핏얼핏 현실 자본주의 세계의 추악함과 비인간화의 그림자가 어쩔 수 없이 비춰지고 있다는 것, 무엇보다도 유년 시절과 "바로 지금"의 이질적 시간의 '대질'에서 발생한 시차時差적 사유가 조영숙의 시적 의미망을 구축하고 있다는 사실은 이러한 우리의 견해를 굳건하게 뒷받침한다. 그의 시는 현대의 일상인homo quotidianus이 망각하고 상실한 인간 공동체의 본래적 모습, 사단四端의 마음이 파동 치던 그 잃어버린 시(공)간을 기억함으로써 궁극에는 "바로 지금至今" 우리의 모습을 반추하고자 했던 것이다. 이런 시인에게 유년 시절을 수놓았던 공동체의 가치와 도덕적 이념이 지금/여기의 삶을 측도하는 일종의 상상적 '자'로 주어져 있음은 자명하다. 앞서 살펴본 조영숙의 시편들이 유년의 지대에서 쉴 새 없이 회동했던 이유도 바로 이러한 측면에 기대서 있다.

숭늉 그릇 박살 낸/ 만공 스님// 나도 내가 아니라는데/ 박살 낼 나 또 어디 있겠는가// (…중략…)// 평생이 부처님 손바닥 안이라는데/ 넘치면 나누고/ 모자라면 채우라는// 자,/ 그 셈법/ 바로 세상 사는 이치인 것을

—「자[尺]」 부분

미얀마 인레 호수/ 수초 흔들리는 숲 사이사이/ 수줍어 수줍어서 얼굴 내미는/ 사피에나 한 무더기// 파리 샹젤리제 지날 때/ 가로등 높이 바구니 한 가득가득/ 매달려 나를 유혹하던// 여기 서울 한복판/ 버스 정류장마다/ 무더기무더기 피어나 반갑다/ 인사말을 건넨다

—「사피에나 예찬」 부분

사랑/ 거기/ 그렇게// 언제까지

—「타지마할, 너」 부분

대왕참나무 바싹 마른 갈퀴손/ 죽을힘으로/ 가지 끝자락 움켜쥐고 있다// 겨우내 퍼붓던 폭설/ 꽃샘추위 황사 모래바람도/ 더 이상 어쩌지 못하더니// 그러나 어쩌랴// (…중략…)// 우주 만물/ 모든 생명의 냉엄한 질서!

—「마지막 잎새」 부분

그렇다고 해서 잃어버린 시간을 찾아가는 시인의 여정이 항상 유년 시절에만 국한된 것은 아니다. 시인이 상정한 '잃어버린 시간'의 세계는 인간의 선한 본성과 "사랑/ 거기/ 그

렇게// 언제까지" 보존된 장소라면, 또 사물의 고유한 흔적이 남아 있는 곳이라면 어디라도 상관없다. 그곳이 "만공 스님"의 일화와 "성선설"과 같은 종교/철학의 형이상학적 세계, 혹은 미얀마 인레 호수와 파리 샹젤리제, 인도 타지마할 등 국경 너머의 장소일지라도 말이다. 하물며 "우주 만물/ 모든 생명의 냉엄한 질서"가 엄격하게 적용되는 본원적 자연의 권역도 여기서 예외가 아니다. "동상이몽의 헛꿈들이"(「동창회 다녀와서」) 텅 빈 기표로 부유하고 "서로 죽고 죽이며 사는/ 이 차별 세상"(「사피에나 예찬」)이 아니라면 조영숙의 시집 『자[尺]』는 어김없이 그곳을 오늘날의 우리가 잃어버린 시간, 그러나 반드시 회복해야만 하는 공간으로 지정하고 있는 것이다. "숭늉 그릇 박살 낸/ 만공 스님"의 일화에서 견인했던, "넘치면 나누고/ 모자라면 채우라는// 자,/ 그 셈법"이야말로 "바로 세상 사는 이치인 것을"(「자[尺]」), "지금至金" 시인은 잃어버린 시(공)간을 다양하게 경유하며 그의 독자들에게 전언하고 있는 것이다.

> 모두들/ 허당인 줄 안다/ 뽕빼는 삶의 일들이// 그래도, 세상/ 한 모서리 어딘가쯤은/ 마음먹고 비워 둘 일이다
>
> —「날마다 목숨 걸고 산다」 부분

> 누가,/ 누구에게 돌을 던지랴// 사람이란 게/ 왜 이리 부끄러운가/ 햇살 맑은 이 아침에
>
> —「어찌 말하랴」 부분

자, 이제 드디어 조영숙 시세계의 시비지심是非之心이 등장할 차례이다. 아니, 정확하게 말하자면 옳고 그름을 분별하는 마음의 표정은 이미 이 글의 곳곳에 드러나 있다. 가령, "청풍 할매"와 "천덕이"와 "우리 집 밥상머리 단골" 아주머니들의 시대는 '성선설'에 기초해서 성립된 세계가 아니었던가. 또한 "대왕참나무 바짝 마른 갈퀴손"은 생성과 소멸이라는 자연 질서의 이해(판별력)를 담보한 시적 표상임을 우리는 익히 알고 있지 않았던가. 여기에다 위의 시에서처럼 "누가,/ 누구에게 돌을 던지랴// 사람이란 게/ 왜 이리 부끄러운가"라며 수오지심으로 잃어버린 시간들을 복기復棋하는 시인의 행위는 분명, 분열되고 이지러진 현실의 세계상을 감지한 시인의 분별력에서 비롯된 것이라고 할 수 있다. 이와 아울러 "그래도, 세상/ 한 모서리 어딘가쯤은/ 마음먹고 비워 둘 일"이라고 읊조리며 "숨구멍 하나 하늘에다/ 뚫어 둘 일"을 제안하는 시인의 의식은 각박한 현대사회를 우회적으로 비판하는 시비지심의 발현에 다름 아니다. 이렇듯 시비지심은 수오지심 등 여타의 마음들과 함께 시집의 구석구석에 산포되어 있(었)다. 조영숙의 시집 『자[尺]』가 계몽적 포즈와 교훈의 몸짓을 섣불리 취하지 않으면서도 인생의 보편 진리와 삶의 참된 의미를 지속적으로 분출하고 있었던 원인도 이런 사정과 무관하지 않다. "처음부터 짜여진 삶이 어디 있으랴"(「세상의 시작과 끝」), "누가/ 시간의 만리장성을/ 넘어설 수 있으랴"(「낯선 시간을 찾아서」)와 같은 반어적 문구는 이 과정에서 획득한 세계의 소박한 진실이다. 한

편으로 "세상살이에/ 거저는 없는 법"(「변기에 앉아서」)이라는 나지막한 시인의 육성에는 삶의 이치에 대한 깨달음이 담겨 있다.

> 반백 년 지나 옛집 찾아가니/ 누군가 아직도 고스란히 그 집 지키고 있었지요/ 앞뒤 집 모두 3, 4층 다세대 주택으로 바뀌었지만/ 아버지 고집이 집을 지키고 있었지요/ 아버지는 이사 가기 싫었던 것이었구나
>
> —「아버지의 집—철들어 가는 일 5」 부분

> 쌕쌕 숨 몰아쉬는/ 어린 딸 등에 업고/ 밤길 캄캄 내달렸다지요// 다급하게 두드려 댄 병원 문이/ 저승 문턱으로 느껴지셨겠지요// 까맣게 타들어 가는 아버지 그 가슴/ 반야심경보다 주기도문보다/ 더 절절하게 하늘의 가슴에 닿았겠지요// 그때부터 하늘 문을 활짝/ 열어 놓기로 했다지요/ 그리고 언제까지나/ 내 편 되어 주시기로 약속했다네요
>
> —「아버지 기도문」 전문

조영숙의 시가 계몽과 교훈의 목소리를 어설프게 직접적으로 내지 않으면서도 인간 삶의 보편적 진실을 일관되게 전언하고 있는 것은 간과할 수 없는 사안이다. 왜냐하면 이 점은 그의 시의 형식 미학적 특성과 밀접하게 관계되기 때문이다. 한 예로 그의 몇몇 시편들은 "~인데요", "~라지요", "~라네요" 등의 이야기체 술어를 적극적으로 활용하는데,

이는 곧 주제 전달의 유연성을 환기하려는 목적이다. 그의 시는 이야기성의 재현을 통해 주제의식의 경직성과 고정된 형식의 권위적 담론을 거부하고 서정시 문법의 한 가능성을 나름대로 타진하고 있는 것이다.

주제 전달의 진지성과 엄숙성으로부터 벗어나 서정 장르의 그 자유로운 정신을 추구하는 조영숙 시의 미덕은 내용적 차원에서도 검증할 수 있다. 이 경우 그의 시는 철저하게 자기 경험의 내면으로 침잠함으로써 주제와 관련된 최종적 판단을 독자에게 이월하고, 독백과 방백의 입장을 고수하는 경향을 보인다. "철들어 가는 일"이라고 명명한 연작시들과 철들기까지의 세월(이 시들도 역시 시인에게는 철들어 가는 여정이 아닐 것인가)을 재구한 주요 시편들은 이러한 연장선상에서 쓰였다.

「아버지의 집－철들어 가는 일 5」는 십수 년간 살던 "아버지가 지은" 집을 떠나 이사한 이야기의 후일담이다. 반백 년이 지났음에도 "아버지의 집"은 "아직도 고스란히" 남아 있었다는 것, "아버지의 고집이 집을 지키고 있었"다는 내용이다. 이 시의 큰 주제는 말할 것도 없이, 가족에 대한 아버지의 큰 사랑이다. 거기에 아버지를 향한 시인의 한없는 그리움과 애틋함과 송구함의 집단 감정이 부록처럼 주어져 있다. 그러나 이 시는 아버지의 사랑이라는 주제를 작품의 전면에 노골적으로 부각시키지 않는다. 오히려 시인은 "철들어 가는 일"이라는 부제를 제시하여 주제의식의 직접적인 전달을 차단하고, 독자로 하여금 아버지의 사랑을 차분하게 음미할 수 있는 기회를 제공한다. 이와 같이 노련한 시적 장치들이 아버지의 큰 사랑과 그이에 대한 우리 모두의 그리움을 증폭시키고 있음은 더 이상 말할 나위가 없다.

동류의 주제의식은 「아버지 기도문」에서도 발견된다. 「아버지 기도문」은 김종길의 「성탄제」를 연상시킨다. "쌕쌕 숨 몰아쉬는 어린 딸", "밤길 캄캄 내달렸다지요", "다급하게 두드려 댄 병원 문" 등이 흡사, 「성탄제」의 "애처로이 잦아드는 어린 목숨", "눈을 헤치고 따 오신", "아버지의 서느란 옷자락에/ 열로 상기한 볼을 말없이 부비는 것" 등의 지문과 일정한 대구를 이루고 있는 것이다. 다만, 김종길의 「성탄제」가 작품 후반부의 "눈 속에서 따 오신 산수유 붉은 알알이/ 아직도 내 혈액 속에 녹아 흐르는 까닭일까"와 같이 시인의 관점을 직접적으로 제시하는 데 비해, 조영숙의 이 시는 일정한 거리를 유지하며 주제적 발언을 '고집스럽게' 아껴 쓰고 있다는 점에서 흥미롭다. 마치 남의 이야기라도 하듯이, "내달렸다지요", "느껴지셨겠지요", "닿았겠지요", "언제까지나/ 내 편 되어 주시기로 약속했다네요"라며 사건의 정황을 객관적 거리를 두고 들려주는 이 시구들에는 시적 '의뭉스러움'으로 인한 사유의 휴지休止가 발생한다. 이로써 이 시는 주제 전달의 점층적인 상승효과를 유도할 수 있었다.

엄마 없는 이 세상, 밥 먹기도 싫은/ 천 길 낭떠러지 세상이라는 걸/ 깨닫게 되는 일이라는 거/ 엄마가 밥이

고, 밥이 곧 엄마라는 걸

—「엄마가 밥—철들어 가는 일 1」 부분

문구점 구석에 앉아/ '엄마 찾아 삼만 리' 에 빠져서/ 밤 가는 줄 모르고/ 훌쩍훌쩍 훌쩍이던 어린 시절// (…중략…)// 발걸음 자욱 소리마다/ 촉기를 얹어서 별을 세던/ 엄마는// 이제나 저제나 내 곁에/ 내 맘속에 새겨진 지문인 것을

—「엄마 찾아 삼만 리」 부분

「아버지의 집」과 「아버지 기도문」이 끝 간 데 없는 그리움으로 찾아간 부성애父性愛의 잃어버린 시간이라면, 「엄마가 밥—철들어 가는 일 1」과 「엄마 찾아 삼만 리」는 제목이 환기하듯이 둥근 모성성의 시간을 내장한 작품들이다. 먼저, 「엄마가 밥」은 지금은 "이름도 가물가물한 그 아이"에 대한 이야기를 소재로 한다. "유복자로 태어났다는 그 아이"는 엄마가 "밥벌이"로 부재중일 때, 아이러니하게도 "그때마다" "엄마 없는 이 세상, 밥 먹기도 싫어요"라는 노래를 부르곤 했다. 그런데 시인은 이 "우습기도 청승맞기도 했던" 노래가 "지금, 내 가슴 아릿하게 울려오는 것"을 느낀다. "한 생명 생산"하고 "보듬어 기르는" 동안 "엄마 없는 이 세상"은 "천 길 낭떠러지 세상이라는 걸" 몸소 깨달았기 때문이다. 이런 시인이 인간 생존의 필수조건인 의식주의 하나(밥)로 엄마의 존재를 치환하는 것은 전혀 이상한 일이 아니다. 이에 따라 "엄마가 밥이고, 밥이 곧 엄마"라는 이 시의

주제의식은 다소 생뚱맞을지언정 그 자체로 성립 가능하다.

「엄마 찾아 삼만 리」는 그 제목만으로도 상상력의 울림이 있다. 따라서 이 시는 시제에서 마지막 문장의 이해에 이르기까지 그리 많은 시간을 필요로 하지 않는다(이탈리아 태생 에드몬드 데 아미치스의 원작 동화 『엄마 찾아 삼만 리』가 다카하다 이사오 감독에 의해 애니메이션 영화로 만들어진 것이 1976년이니, 이 무렵의 시인이 실제로 "문구점 구석에 앉아" "훌쩍"거렸을 리는 만무하다. 아마도 원작의 모티프를 따와 만화적 상상력을 새롭게 덧입혔을 것이다). 예를 보이면, "엄마는// 이제나 저제나 내 곁에/ 내 맘속에 새겨진 지문"의 부분은 "밥이 곧 엄마"라는 대목과 같은 의미, 또 다른 표현이다. 이처럼 두 시편은 각각의 독자적인 상상력을 가동하면서도 최종적으로는 공통의 주제에 안착하고 있다.

한편, 이 부근에서 각별히 짚고 넘어갈 사안은 역시, '시간' 운용방식의 문제이다. 이 시들은 전반부와 후반부에 각각 과거와 현재의 시간을 배치함으로써 작품 내적으로 시차의 분절양상을 보인다. 선경후정의 작시법에 비견되는 선과過후현現의 구조격이다. 이에 대한 지적은 시집 『자[尺]』의 전체적인 성격과 맞물려서 매우 중요한 의미를 제보한다. 이번 조영숙의 시세계는 시작과 끝, 과거와 현재로 분절되었던 이 시간들이 새롭게 통합하는 순간, 시적 의미를 분출하고 있는 것이다. 이 의미의 생성 과정을 조영숙의 화법으로 정리하면, "철들어 가는 일"이라고 명명해 볼 수 있다.

손잔등 내려다보니
천지가 꽃밭이네

잠시 잊고 떠나온 시간의
부스러기들 닥지닥지
꽃무늬로 피어 있네

철 지난 저승꽃 보니
문득,
철들고 싶어!

—「저승꽃 피어」 전문

"철들어 가는 일"의 최우선적 전제 조항은 세상의 순리를 탐구하는 일이다. 세계에 대한 온전한 이해 없이 "철들어 가는 일"은 실행불가능하기 때문이다. 시인이 지난 "50년 동안 세상 학교"에서 "배우고 또 배우며"(「매잡이－철들어 가는 일 3」) '배움 길'을 자청한 것도, 근자에 그의 시가 시간의 정지를 통해 유년의 인정 넘치는 세계를 한참 동안이나 들여다보고 있었던 것도 모두 이러한 이유에서였다. 또한 최근 시인이 둥근 모성성과 부성애의 세계를 자주 방문했던 원인도, 종교/철학의 그 형이상학적 세계에 몰두했던 사정도 이런 측면에서 보면 그 동기가 분명해진다. 시인은 "바로 지금至金"의 의미를 되새기며 때로는 그 아름다웠던 잃어버린 시간들과의 대질을 통해, 또 가끔씩은 현실 시간과의 정직한 만남을 통해 인생의 고유한 원리와 참된 삶의 이치를 스스로 터득하고자 했던 것이다. "떠나온 시간의 부스러기들 닥지닥지/ 꽃무늬로 피어" 육체의 노화를 보여 주는 위의 시편에서 시간의 진행에 대한 화자의 안타까움과 아쉬움의 징후가 별로 감지되는 않는 것은 이러한 정황과 무관하지 않다. 게다가 "문득, 철들고 싶어!"라는 시인의 자기고백에는 "투자할 것은/ 오직 시간뿐!"(「나는 시인이니까」)이라며 다시 세 번째 시간여행 혹은 "철들어 가는 일"의 작업을 예비하는 시인의 모습이 일찌감치 투영되어 있다. 철들지 않는 한, 조영숙의 시 쓰기 작업은 결코 멈춰지지 않을 것을 우리가 이미 알고 있는 까닭이다.

그렇다면 이제, 다시 이렇게 말해 보아도 좋겠다.

그러니, 시인이시여, 부디 철들지 마시라!

시인 조영숙

서울 출생
2009년 『시와시학』으로 등단
시집『백년 전쟁』『자[尺]』
저서 『조병화 시 연구』
현재 가천대 명예교수

E-mail : wisdom-m@hanmail.net

자[尺]

지은이 | 소영숙
펴낸이 | 김재은
펴낸곳 | 도서출판 시학사
1판1쇄 | 2015년 8월 25일
출판등록 | 2015년 5월 14일
등록번호 | 제300-2015-83호
주소 | 서울 종로구 혜화로3가길 4(명륜1가)
전화 | 744-0110
FAX | 3672-2674
값 8,000원

ISBN 978-89-94889-93-1 03810